L'YVROGNE CORRIGÉ,

OPERA-COMIQUE EN DEUX ACTES;

Par Mrs. ANSEAUME & ***;

Mis en Musique par M. De la Ruette;

Représenté pour la premiere fois sur le Théâtre de l'Opera-Comique de la Foire Saint Laurent, le 23 Juillet 1759.

Le prix est de 24 sols avec les petits Airs.
Les Ariettes se vendent séparément 24 sols.

A PARIS,
Chez DUCHESNE, Libraire, rue S. Jacques, au-dessous de la Fontaine S. Benoît, au Temple du Goût.

M. DCC. LIX.
Avec Approbation & Privilége du Roi.

ACTEURS.

MATHURIN, *Vigneron*, M. Bouret.

MATHURINE, *femme de Mathurin*, Mlle. Deſchamps.

COLETTE, *Niéce de Mathurin*, Mlle. Nécelle.

CLÉON, *Amant de Colette*, M. S. Aubert.

LUCAS, *Ami de Mathurin*, M. Oudinot.

TROUPES DE PAYSANS, ET DE COMÉDIENS Amis de Cléon.

La Scene eſt dans la maiſon de Mathurin.

L'YVROGNE CORRIGÉ, OPERA-COMIQUE.

Le Théâtre représente la chambre de Mathurin. Il y a au milieu une table dressée, & une chopine dessus avec deux verres.

SCENE PREMIERE.

LUCAS, MATHURIN.

MATHURIN.

ARIETTE. Notée N°. 1.

Ça, çà, compere Lucas,
Mets-toi là, buvons chopine ;
Pour bannir l'humeur chagrine,
Grisons-nous, faisons fracas.

Ma femme en vain ſe mutine,
Et veut me faire la loi :
En dépit de Mathurine,
Colette ſera pour toi.
Cléon n'a rien à prétendre,
C'eſt un petit freluquet.
Par ſes airs, ſon doux caquet,
Ma femme ſe laiſſe prendre.
Mais je ſuis maître chez moi :
Colette ſera pour toi.

LUCAS.

Ma foi, tu as raiſon, Mathurin ; il faut tenir tête aux femmes.

MATHURIN.

Va, ne t'embarraſſe pas : bon gré, malgré, je veux que ma niéce t'épouſe ce ſoir. Allons, à la ſanté de ton mariage.

LUCAS.

Volontiers, tu me fais honneur. (*Ils boivent.*) A propos, ſçais-tu bien que ta femme eſt une begueule ? Hier je veux lui payer chopine, elle m'appelle yvrogne.

MATHURIN.

Voyez l'impertinente ! Ne voudroit-elle pas que tout le monde bût de l'eau comme elle.

LUCAS.

Jarni, je ne métonne plus ſi elle eſt toujours de ſi mauvaiſe humeur.

Air : *Eh ! allons, gai, réjouissons-nous.*

L'eau rend l'esprit triste & maussade.
Vive le bon vin !

MATHURIN.

Il nous met en train :
Tope, à toi, mon cher camarade.

LUCAS.

Eh ! allons gai, réjoüissons-nous ;
Buvons chacun rasade.

ENSEMBLE.

Eh ! allons gai, réjoüissons-nous,
Et faisons les foux.

LUCAS.

A ta santé, Mathurin.

MATHURIN.

A la tienne, compere. (*Ils boivent.*)

LUCAS.

Tiens, en vérité, plus je bois de ton vin, plus je t'aime : tu es un honnête homme.

MATHURIN.

Et toi aussi : touche-là ; mon ami, c'est que j'aime les honnêtes gens, moi !

LUCAS.

Te souvient-il du jour que nous fîmes connoissance au cabaret ?

MATHURIN.

Si je m'en souviens ! oh ! ma foi, c'est-là que se font les bons amis.

LUCAS.

Allons, à l'ancienne connoissance.

MATHURIN.

Air : *Nous venons de Barcelonette.*

Oui, c'eſt bien dit, buvons, compere.

LUCAS.

Je veux faire honneur à ton vin.

MATHURIN.

Point de façons.

LUCAS.

Voilà mon verre :
Ah ! qu'il eſt beau, quand il eſt plein !

(Ils boivent.)

Va, ta niéce pourra ſe vanter d'avoir pour mari un bon vivant de la joie.

MATHURIN.

Je crois que la petite commere aimera aſſez à ſe réjouir.

LUCAS.

Elle ſera, morguenne, mieux avec moi qu'avec ſon grand flandrin de Cléon. Ça vous a de ces phiſionomies ſérieuſes qui ſervent de remede à l'envie de rire.

MATHURIN.

Oh ! pargué, vive une trogne rubiconde comme la nôtre.

LUCAS.

Tiens, vois-tu ? Je ne donnerois pas ma figure pour celle d'un Prince : regarde ces couleurs-là.... Mais ſi nous trinquions un petit coup pour les entretenir.

MATHURIN.

Tu as, mordié, toujours de bonnes idées... Mais, il n'y a plus de vin : eh ! Colette, apporte-nous donc à boire.

ENSEMBLE.

Refrain.

A boire, à boire, à boire.

SCENE II.

MATHURIN, LUCAS, MATHURINE, COLETTE.

TRIO.

MATHURIN.	MATHURINE.	LUCAS.
	Maudit ivrogne !	
Sotte carogne ! Tu crieras donc toujours !	Tu boiras donc toujours !	Morbleu, buvons toujours. *à Colette.* Eh ! bon jour, mes amours.
	Quel chien de conte ! N'as-tu pas honte De boire comme un trou, Jusqu'à ton dernier sou ? Si j'en croyois ma colere....	
Point de colere.		Tout doux, commere.
	Vieux libertin, Chez moi sans fin Que viens-tu faire?	
Cela plait à Mathurin.	Tu débauches Mathurin.	C'est que j'aime Mathurin.
Tais-toi, braillarde.		Quelle criarde!

MATHURIN.	MATHURINE.	LUCAS.
	Maudit ivrogne !	
Sotte carogne !		
Tu te tairas.	Tu t'en iras.	
		Cedons la place.
Ce tracas me déplait.		Ce tracas me déplait.
	Va-t-en boire au cabaret.	
		Allons boire au cabaret.
Au cabaret.	Au cabaret.	Au cabaret.

(*Lucas & Mathurin sortent.*)

SCENE III.

MATHURINE, COLETTE.

MATHURINE.

AH ! les vilains hommes ! qu'une pauvre femme est malheureuse avec ces animaux-là ? Eh ! bien, ma niéce, voilà pourtant le joli époux que ton oncle te destine,

COLETTE.

Non, ma tante, jamais je ne consentirai à prendre Lucas pour mari. A quoi me serviroit ce vieux yvrogne ?

Air : *De tous les Capucins du Monde.*

Hélas ! il faudroit du ménage
Faire à moi seule tout l'ouvrage.
Je sens bien qu'un pareil emploi
Est trop pénible pour mon âge :
En prenant un homme avec moi,
Je veux quelqu'un qui me soulage.

MATHURINE.

Va, Colette, tu as bien raiſon : tu vois à quoi j'en ſuis réduite avec Mathurin.

Air : *Le Seigneur Turc a raiſon.*

Il ne m'eſt d'aucun ſecours,
Le travail m'excede :
Je dépéris tous les jours,
Sans qu'il y porte remede.
Que faire d'un faineant ?
Dans notre état, mon enfant,
On a grand beſoin d'aide.

COLETTE.

Oh ! je m'en apperçois comme vous tous les jours.

MATHURINE.

Crois-moi, Colette, reſte fille ; c'eſt le moyen de vivre heureuſe : il n'eſt point d'état, dans la vie, plus agréable que celui-là.

ARIETTE. Notée N°. 2.

Sans ſoins, ſans peine,
Sans gêne,
Au gré de ſes deſirs,
Une fille
Gentille
Peut ſuivre les plaiſirs.
Une brillante cour
De galants faits au tour
Auprès d'elle s'empreſſe,
L'environne ſans ceſſe.
L'un veut à ſon corſet
Attacher un bouquet ;

D'un petit air malin,
L'autre lui prend la main.
Ou lui vole un baiser,
Qu'on veut en vain refuser.
Tous cherchent à lui plaire;
Qu'elle dise un mot,
Pour la satisfaire
On vole aussitôt :
Mais dans le ménage
Combien d'embarras !
On souffre, on enrage;
C'est un esclavage
Qui ne finit pas.
Entendre à toute heure
Ou l'enfant qui pleure,
Ou le pere yvrogne,
Qui jure, qui grogne,
Et souvent vous bat!
Ah ! quel cruel état !

Ah ! mon enfant, on paie bien cher un moment de satisfaction : tu te formes de belles idées du mariage, & c'est si peu de chose ! Tu seras bien punie de ta curiosité.

COLETTE.

Si mon oncle consent que j'épouse Cléon, je suis sûre de ne point m'en repentir.

ARIETTE.

Non, non, jamais un tel époux
Ne peut me rendre malheureuse;
Son humeur aimable & joyeuse
Me promet le sort le plus doux.
Non, non, jamais un tel époux
Ne peut me rendre malheureuse.
Il est si bon, si complaisant!
Le mariage assurément
Avec lui doit être charmant.
Ai-je tort d'être curieuse?
Non, non, jamais un tel amant
Ne peut me rendre malheureuse.

MATHURINE.

Ne t'y fie pas. Tu sçais qu'il est accoutumé à jouer la Comédie, & peut-on compter sur lui après les folies qu'il a faites?

COLETTE.

Mais quelles folies, s'il vous plaît?

MATHURINE.

Comment! Son pere le place à Paris chez un honnête Procureur pour apprendre à devenir bien riche, & Cléon, au-lieu de répondre à ses bonnes intentions, s'en va un beau matin avec une troupe de libertins comme lui, de baladins, de Comédiens, que sçais-je, moi?

COLETTE.

Mais, ma tante, il n'y a pas grand mal à cela. Au Château tous les jours ces gros Meſſieurs & ces belles Dames jouent auſſi la Comédie, & puis c'eſt une idée de jeuneſſe dont Cléon eſt bien revenu. Vous voyez qu'il y renonce pour toujours.

MATHURINE.

Oui ; effectivement, il me paroît à préſent plus ſage & plus raiſonnable, & la charge de Procureur Fiſcal dont il vient de prendre poſſeſſion après la mort de ſon pere, va le rendre un perſonnage grave & important.

COLETTE.

Air. *La preuve que j'vous aime bien.*

Sa tendreſſe pour moi chaque jour ſe ſignale.

MATHURINE.

De bon cœur je voudrois le rendre ton époux.

COLETTE.

Je compte ſur vous ;
Hâtez donc un moment ſi doux.
Quel plaiſir de me voir Procureuſe Fiſcale!
Que n'en ſuis-je là?
Je m'en tiens plus droite déjà.

MATHURINE.

Ton oncle ne veut point conſentir à cela.

SCENE IV.

MATHURINE, COLETTE, CLÉON.

CLÉON.

Air : *A mon amour cedez, Elvire.*

EH ! bien, que faut-il que j'espere ?
Serai-je enfin amant heureux ?
L'hymen seul peut me satisfaire,
Vous devez ce prix à mes feux.

COLETTE.

J'aimerois à combler vos vœux ;
Mais Mathurin nous est contraire,
Il prétend me donner Lucas :
Que puis-je faire en pareil cas ?

CLÉON.

Mais ne peut-on pas lui faire entendre raison ?

Air : *Fille qui voyage en France.*

Ah ! ma chere Mathurine,
Laissez-vous donc émouvoir.

MATHURINE.

Votre malheur me chagrine :
Mais hélas ! jai beau vouloir ;
Suis-je maitresse ?

CLÉON.

Quoi ! donc, n'est-il plus d'espoir
Pour ma tendresse ?

COLETTE.

Ah ! ma tante.

MATHURINE.

Croyez-moi, mes enfans ; il n'y faut plus ſonger : prenez votre parti.

DUO.

CLÉON.	COLETTE.
Quel malheur extrême !	
Je ne peux vivre ſans vous.	
	Je ne veux point d'autre époux.
De porter un nom ſi doux	
Je faiſois mon bien ſuprême.	
Quel malheur extrême !	Quel malheur extrême !
Je ne peux vivre ſans vous.	Je ne veux point d'autre époux.
Oui, pour jamais je vous aime.	Direz-vous toujours de même ?
	Direz-vous toujours de même ?
Oui, malgré le Sort jaloux,	
Je ne veux aimer que vous.	Je ne veux point d'autre époux.

CLÉON.

Mais puiſque Mathurin eſt ſi peu raiſonnable, pourquoi ne pas employer le ſtratagême que je vous ai propoſé ? La troupe de Comédiens ſe trouve ici fort à propos pour l'exécuter, & rien ne ſera plus facile.

MATHURINE.

Je n'oſe employer ce moyen ; les ſuites pourroient en être fâcheuſes pour mon mari.

CLÉON.

Ne craignez rien;on ne lui fera aucun mal.

Air : *Ma raiſon s'en va bon train.*

Il n'aura que la frayeur.

MATHURINE.

Mais s'il va mourir de peur ?
Hélas ! quel chagrin !
J'aime Mathurin :
Quoique ſouvent j'enrage,
Il eſt certain moment enfin
Où je m'en dédommage,
Lon la ,
Où je m'en dédommage.

CLÉON.

Raſſurez-vous ; je vous le garantis ſain & ſauf.

COLETTE.

Ce n'eſt qu'une petite leçon pour le corriger de ſon yvrognerie , & pour vous venger une bonne fois des coups qu'il vous donne.

MATHURINE.

Cela eſt vrai.

(On entend Mathurin qui chante d'une voix enrouée.)

CLÉON.

Eh ! bien , que déterminez-vous ? Le voilà qui vient ici ; il paroît des mieux conditionnés. Lucas , je crois , ne l'eſt pas moins que lui ; nous le trouverons aisément, & c'est-là le moment le plus favorable pour faire d'eux, tout ce que nous voudrons.

COLETTE.

Ah ! par grace, ma tante.

MATHURINE.

Allons, allons. Je consens de me prêter à tout.

CLÉON.

Allons tout préparer pour notre projet.

SCENE V.

MATHURIN, *yvre.*

ARIETTE. Notée N°. 3.

AH ! que j'ai bû de bon vin !
Vive Lucas, mon voisin !
Il me régale à merveille.
Ah ! que j'ai bû de bon vin !
Ma femme fait le lutin ;
Je veux lui payer bouteille.
Ah ! que j'ai bû de bon vin !
Ma niéce est bonne personne ;

A ſa nôce je boirai bien , ...
Car....Cléon eſt un vaurien.
Oui , morbleu , quand je raiſonne....
Jarni .... c'eſt que j'ai raiſon....
En vérité , l'on peut m'en croire....
Mais quand le vin eſt bon ,
On n'en peut jamais trop boire.

Je ne ſçais comment cela ſe fait , mais je vas tout de travers ; on diroit que je ſuis gris : ah ! cela n'eſt pas vrai ; demandez plutôt. Je n'ai bû que deux pintes à ma part ; ce n'eſt pas trop pour un honnête homme, mais je ſuis ſobre, moi. Aſſeyons-nous : je veux faire un petit ſomme , car j'ai une envie de dormir de tous les diables. J'irai après boire chopine avec Lucas ; c'eſt un brave homme que mon compere .... & moi qui ſuis un honnête homme .... ça fait que l'honneur .... par la raiſon que c'eſt fort honnête....

(*Il s'endort.*)

SCENE VI.

CLÉON, *avec plusieurs Paysans.*

CLÉON.

BON; il s'endort. C'est le moment d'éxécuter notre projet. Emportons-le dans la cave comme je vous ai dit.

(On emporte Mathurin endormi.)

Fin du premier Acte.

ACTE II.

Le Théâtre représente la Cave de Mathurin. Il est endormi sur un banc ; & Lucas est de l'autre côté tout de son long.

SCENE PREMIERE.

MATHURINE, COLETTE, *Troupe de Paysans & de Paysannes.*

MATHURINE.

IL est mort,
Mon cher Mathurin.

CHŒUR.

Il a tant bû de vin
Qu'il a fini son sort.

Il eſt mort,
Il eſt mort.

(*Dès qu'ils voyent que Mathurin eſt prêt a s'éveiller, ils ſe retirent tous, & le laiſſent dans l'obſcurité.*)

SCENE II.

LUCAS, *endormi*, MATHURIN.
Ils ont chacun un Diable aſſis à côté d'eux.

MATHURIN.

OH! parbleu, celui là eſt bon. J'ai rêvé que j'étois mort. J'en ſuis encore tout épouvanté. Mais non, me voilà à côté de ma femme, & je me porte au mieux. Eh! Mathurine, laiſſe-moi donc un peu de place, recule toi donc; tu vas me jetter dans la ruelle. Hé! bien, ma petite femme, tu es donc fâchée contre moi, à cauſe que j'ai bû un petit coup hier. Ah! faut me le pardonner; c'eſt pour ton intérêt que j'ai bû comme ça.

Air : *Le tout par nature.*

Je vais triſte au cabaret,
J'en reviens tout guilleret.
Mathurin après cela

Travaille d'importance.
Tu regagnes bien par-là
Ce que je dépense.

LUCAS, *rêvant.*

Hem ! Colette.

MATHURIN.

Oh ! ben, il eſt bien tems de parler de ta Niéce.

LUCAS.

Tu ne veux pas m'aim er...

MATHURIN.

Tu as bien tort, ma petite femme.

LUCAS.

A boire....

MATHURIN.

Tu dis toujours la même choſe. Eh ! bien, là, je ne boirai plus.

LUCAS.

Bon, bon !

MATHURIN.

Ah ! coquine, je t'aime, tu le ſçais bien.

LUCAS.

Pas vrai ?

MATHURIN.

Comment, ça n'eſt pas vrai !

(*Le Diable approche un flambeau qu'il tenoit caché. Mathurin effrayé de la vue du Diable, tombe à terre, & renverſe le banc, en faiſant un grand cri.*)

LUCAS, *se réveillant.*

Mais quel diable de tapage ? On ne sçauroit dormir en repos ici. Qui va là ?

MATHURIN, *se levant.*

Qui va là ?

LUCAS.

Ah ! c'est toi, Mathurin.

MATHURIN.

Eh ! oui, c'est moi ; mais où diable sommes nous ? Il fait ici plus noir que dans un four. Il faut, morgué, que nous soyons dans la cave.

LUCAS.

Eh ! bien, tant mieux ; nous n'aurons pas si loin à aller pour boire.

(*Le Diable qui est derriere Lucas, secoue son flambeau.*)

LUCAS, *tremblant.*

Ah ! Mathurin, qu'est-ce que c'est que cela ?

MATHURIN, *tremblant.*

Eh ! Lucas ? Où es-tu ?

(*Ils se cherchent à tâtons, & passent de l'autre côté du Théâtre où ils trouvent les deux Diables, à qui ils prennent la main en croyant se toucher.*)

LUCAS & MATHURIN.

Ah ! te voilà, mon ami !

(*Les deux Diables leur soufflent de la flâme au nez ; Mathurin & Lucas épouvantés s'enfuyent au fond du Théâtre ; ils y trouvent deux Fantômes.*)

LUCAS.

Ahi ! ahi ! ahi !

MATHURIN.

Ah ! je n'en puis plus.

SCENE III.

MATHURIN, LUCAS, LES DEUX FANTOSMES.

PREMIER FANTOSME.

NE craignez rien, nous sommes des Morts, & vous êtes nos camarades.

MATHURIN.

Je suis mort !

LUCAS.

Je suis mort !

PREMIER FANTOSME.

ARIETTE.

Dans les Enfers je suis puni
Pour avoir battu ma femme. (*bis.*)

J'étois un yvrogne infâme.
Pluton me retient ici,
Pour avoir battu ma femme. (*bis.*)
Je ſuis puni, je ſuis puni.

MATHURIN, *á part.*

Yvrogne! battant ſa femme! ah! Lucas, voilà ma ſentence prononcée.

SECOND FANTOSME.

ARIETTE.

D'une gentille femelle
Je voulois, en dépit d'elle,
Devenir le mari.
J'en ſuis puni. (*bis.*)
Cette flâme dévorante
Me tourmente,
Me grille, me brûle,
Circule,
Et pénetre mon cœur;
Ah! quelle ardeur!

LUCAS.

Ah! jarni; c'eſt fait de moi.

MATHURIN.

Queu chien de pays! Il ne fait pas bon ici pour nous.

LUCAS.

N'y auroit-il pas moyen de ſe ſauver?

SCENE IV.

Ils vont pour s'enfuir ; dans le moment la toile qui cachoit le fond du Théâtre se leve, & ils voyent l'interieur de l'Enfer, & PLUTON assis sur son trône entouré de Diables & de Furies.

MATHURIN.

Romance : *Mon cœur chargé de sa chaîne.*
Notée à la fin de la Piéce.

AH ! Dieux ! quel sort effroyable !

LUCAS.

L'Enfer s'ouvre sous nos pas.

MATHURIN.

Nous voici tous deux au Diable.

LA FURIE.

Oh ! vous n'échapperez pas.

LUCAS.

Hélas !

MATHURIN.

Hélas !

ENSEMBLE.

Nous voici tous deux au Diable.

LA FURIE.

Oh ! vous n'échapperez pas.

(*PLUTON s'avance au milieu du Théâtre.*)

Récitatif.

Pour punir ces deux misérables,
L'Enfer n'a point de châtimens,
Ni de tourmens
Assez grands.
Je sçais de quels forfaits tous deux ils sont coupables,
Je veux bien cependant adoucir le supplice,
Qu'en bonne justice
A Mathurin & à Lucas.
Vous méritez tous deux.
Oui, je veux vous traiter en Diable généreux.
Vous n'aurez que la bastonnade.
Par les mains de son camarade,
Que chacun d'eux soir & matin
Reçoive autant de coups de gourdin
Qu'il a bû de verres de vin.

MATHURIN, *à part.*

Qu'il a bû de verres de vin!

LUCAS.

Quelle grêle de coups!

PLUTON.

Démons soumis à mes loix, faites exécuter la sentence.

(*Deux Furies présentent un bâton à Lucas & à Mathurin.*)

MATHURIN, *regardant Lucas.*

Lucas!

LUCAS.

Mathurin!

MATHURIN.

Voilà une vilaine commiſſion.

LUCAS, *ſoupirant.*

Ah !

MATHURIN.

Mon cher Lucas !

LUCAS.

Mon cher Mathurin !

MATHURIN.

Je t'en prie, ménage moi.

LUCAS.

Tu ſçais bien que nous ſommes amis.

MATHURIN.

Ne t'embarraſſe pas.

LES FURIES.

Hé ! bien, aurez-vous bien-tôt fait ?

(Ils vont pour ſe frapper.)

UN DIABLE, *à Pluton.*

Seigneur, deux femmes déſolées demandent à ſe jetter aux pieds de Votre Grandeur

PLUTON.

Qu'on les faſſe entrer.

SCENE V. & *derniere.*

Les Acteurs précédens, MATHURINE, COLETTE.

MATHURIN.

AH ! c'eſt ma femme.

LUCAS.

Que vois-je ! Mathurine & Colette !

MATHURINE.

Air : *Pour fléchir une Nonne auſtere.*
Noté à la fin de la Piéce.

O puiſſant Dieu que l'on révere
J'implore ici ton ſecours ;
C'eſt toi qui de mes jours
Vas décider pour toujours.
Sois favorable à ma priere ;
Je pleure un Epoux chéri,
Le Deſtin m'a ravi
Mon mari.
Rends Mathurin à la lumiere.
Son ſort eſt en ton pouvoir ;
Mes pleurs, mon déſeſpoir
Ne pourront-ils t'émouvoir ?
Ah ! mon époux

Faiſoit mon bien le plus doux.
Vois Mathurine à tes genoux.
Prends pitié d'une pauvre veuve
Dans les chagrins, les ennuis,
Tous les jours je languis;
C'eſt bien pis toutes les nuits.
Ah! Dieux! quelle cruelle épreuve!
Ma vertu compte ſur toi,
Ou dans peu c'eſt, ma foi,
Fait de moi.

MATHURIN.

Air: *J'ai perdu mon âne.*

Ah! ma chere femme,
Si l'on me rend à ta flâme,
Je vivrai pour toi.

LUCAS.

Hélas! Mathurine,
Ma chere voiſine,
Parlez donc pour moi.

COLETTE.

J'en ſerois bien fâchée. Point de grace pour toi; il faut que tu reſtes dans les cachots de l'Enfer.

LUCAS.

Ma chere Colette, moi qui vous aimois tant!

PLUTON.

Point de réplique ; qu'on l'emmene au lieu qui lui est destiné.

(Les Diables emmenent Lucas au fond du Théâtre, du côté qui représente une Caverne.)

TRIO.

MATHURINE.

Rendez mon Epoux à la vie,
Laissez fléchir votre rigueur.

COLETTE.

C'est Colette qui vous en prie.

MATHURIN.

Ah! Monseigneur! ah! Monseigneur;
Ah! Monseigneur, je vous en prie.

MATHURINE & COLETTE.

C'est sa femme } qui vous en prie.
C'est Colette }

MATHURINE.

Voyez mon malheur.

COLETTE.

Voyez ma douleur.

MATHURINE.

Soyez sensible à ma tendresse.

COLETTE.

Prenez pitié de ma tristesse.

ENSEMBLE.

Faites mon bonheur.

MATHURIN.

Ah ! ma femme ! ah ! ma niéce !
Ah ! Monſeigneur !

TOUS.

Rendez Mathurin à la vie.

MATHURINE & COLETTE.

C'eſt ſa femme } qui vous en prie.
C'eſt Colette }

TOUS.

Ah ! Monſeigneur ! *(bis.)*

PLUTON.

Que voulez-vous faire encore d'un yvrogne ?

MATHURIN.

Je ne le ſerai plus.

PLUTON.

Qui vous battoit... !

MATHURIN.

Cela ne m'arrivera plus.

PLUTON.

Allons, demande pardon à ta femme.

MATHURIN.

Oui, ma chere femme, je te demande pardon ; je te promets de réparer tous les chagrins que je t'ai donnés. Mais c'eſt ce maudit Lucas qui me débauchoit.

MATHURINE.

Tu voulois pourtant lui donner ta niéce.

MATHURIN.

Oh! là-dessus, comme en tout, je ferai ta volonté.

PLUTON.

Eh! bien, sa volonté & la mienne est que tu la donnes à Cléon.

MATHURIN.

Volontiers. (*A part.*) Dès que le Diable s'en mêle, il faut bien que cela soit.

PLUTON.

Ce n'est pas assez de ta promesse, il faut que tu signes ici leur contrat.

Air : *Pour la baronne.*

Que le Notaire
Vienne à l'instant serrer leurs nœuds.

MATHURIN.

Un Notaire! & comment donc faire?

PLUTON.

Allez, nous avons en ces lieux
Plus d'un Notaire.

(*Un Diable travesti en Notaire fait signer le contrat à Mathurin. Lorsqu'il s'en va, Pluton le rappelle & lui dit :*)

Vous oubliez de faire signer Cléon.

MATHURIN.

MATHURIN.

Où eſt-il donc ?

CLÉON, *ſe démaſquant.*

Le voici.

(*Tous les Payſans qui s'étoient traveſtis en Diables & en Furies, quittent leurs maſques.*)

MATHURIN.

O Dieux !

COLETTE, *à Mathurin.*

Air : *Quand le péril eſt agréable.*

De vos tourmens je ſuis confuſe.

MATHURINE.

Hélas ! pardonnez-nous ce tour.

CLÉON.

On doit faire grace à l'Amour ;

Montrant Colette.

Et voilà mon excuſe.

MATHURIN.

J'ai eu diablement peur. Mais palſanguenne, je ſuis bien heureux d'en être quitte pour ça.

LUCAS *s'échappant des mains des Diables qui le retenoient.*

Je ne ſuis donc pas mort tout de bon ! Ah ! parbleu, vive la joie. Je vais bien m'en donner.

A boire, à boire, à boire. (*Il ſort.*)

MATHURIN.

Oui, c'eſt bien dit ; qu'on apporte le vin de la nôce.

MATHURINE, *le fixant.*

Hem!

MATHURIN.

Ah! je n'y pensois pas. Tu as raison, ma petite femme; mais, va, ne crains rien. Hé! bien, tu vois: c'est Lucas qui m'entraine toujours; mais voilà qui est fini, je ne le verrai plus, & je renonce au vin pour toujours.

QUATUOR.

Que de plaisirs l'Amour nous donne!
Il couronne
Nos vœux les plus doux.
Rions, chantons, faisons les foux.

CLÉON.

Tout mon bonheur, est de plaire.

COLETTE.

Tu connois mon ardeur sincere;
Je jure de t'aimer sans fin.

MATHURINE.

Je sens renaître ma tendresse.

MATHURIN.

L'amour sera ma seule yvresse;
Pour jamais je renonce au vin.

TOUS.

Je jure de t'aimer sans fin.
Que de plaisirs l'Amour nous donne!
Il couronne
Nos vœux les plus doux.
Rions, chantons, faisons les foux.

(*Les Paysans & les amis de Cléon forment un Divertissement qui finit la Piéce.*)

VAUDEVILLE.

Premier Couplet.

I I.

Par le gain un Joueur séduit,
Dans un brelan passe la nuit;
L'argent le rend insatiable :
Il pousse la fortune à bout,
Mais la chance tourne, il perd tout;
C'est bien le Diable.

I I I.

Lise est jeune, elle a des appas,
Mille galants suivent ses pas,
Chacun l'aime, elle est adorable;
Mais l'âge augmente chaque jour,
La beauté passe, plus d'amour;
C'est bien le Diable.

I V.

Tant que je suis au cabaret,
Le bon vin me rend guilleret,
Je goûte un plaisir délectable;
Mais il faut payer quand on sort,
Car aujourd'hui crédit est mort;
C'est bien le Diable.

V.

Tout âge aime à se réjouir,
Mais il n'est qu'un tems pour jouir;
Cet âge, hélas! est peu durable.
Profitons en pour le plaisir :
Les vieux n'ont plus que le désir;
C'est bien le Diable.

V I.

Un beau matin ſecrettement
Lucette épouſe ſon Amant;
Leur bonheur eſt incomparable :
Mais peut-il ſe cacher long-temps ?
L'hymen a certains accidents,
C'eſt bien le Diable.

V I I.

La ſotte choſe qu'un procès !
On n'eſt jamais ſûr du ſuccès ;
Ce qu'il en coûte eſt incroyable :
Bien de l'argent, beaucoup de ſoins,
Et ſouvent on n'en perd pas moins ;
C'eſt bien le Diable.

V I I I.

AU PUBLIC.

A travailler pour vos plaiſirs
Nous conſacrons tous nos loiſirs :
Eſt-il emploi plus agréable ?
Mais ſi, malgré notre deſir
Nous manquons de vous divertir ;
C'eſt bien le Diable.

COLETTE.

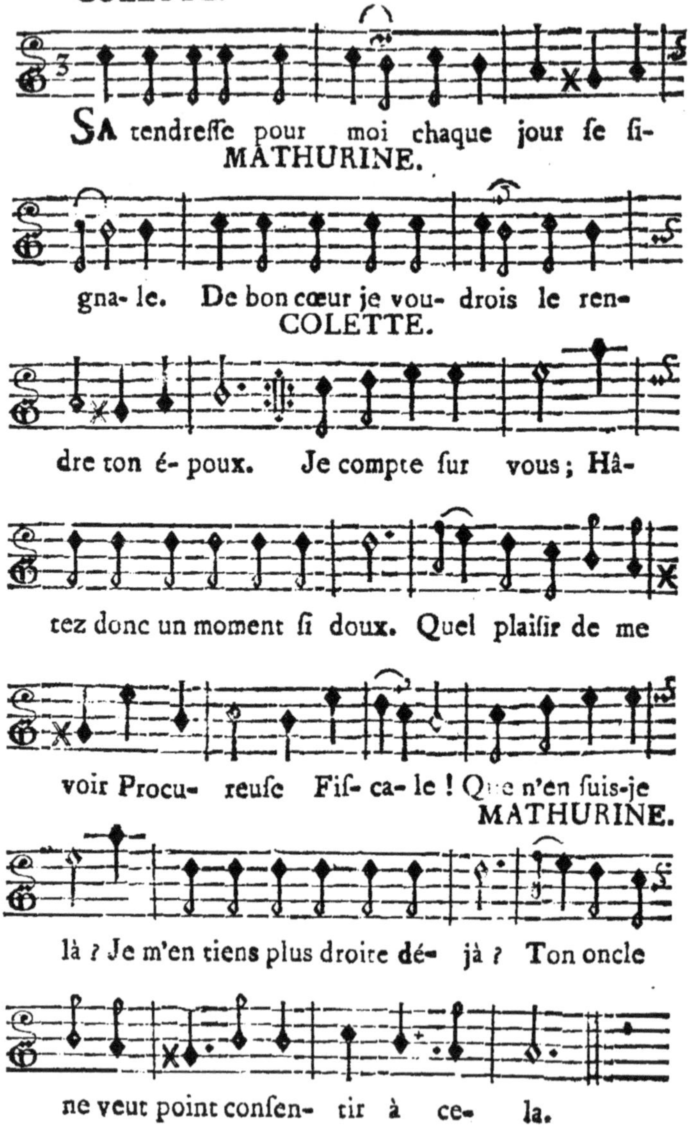

SA tendresse pour moi chaque jour se si-

MATHURINE.

gna- le. De bon cœur je vou- drois le ren-

COLETTE.

dre ton é- poux. Je compte sur vous ; Hâ-

tez donc un moment si doux. Quel plaisir de me

voir Procu- reuse Fis- ca- le ! Que n'en suis-je

MATHURINE.

là ? Je m'en tiens plus droite dé- jà ? Ton oncle

ne veut point consen- tir à ce- la.

MATHURIN.
LUCAS.
AH ! Dieux ! quel ſort ef- froyable ! L'Enfer
MATHURIN.
s'ouvre ſous nos pas. Nous voi- ci tous deux au
LA FURIE.
LUCAS.
Diable. Oh ! vous n'échappe- rez pas. Hé-
MATHURIN. EMSEMBLE.
las ! Hé- las ! Nous voi- ci tous deux au Diable.
LA FURIE.
Oh ! vous n'échap- perez pas.
MATHURINE.
O Puiſſant Dieu que l'on ré- ve- re,
J'implore i- ci ton ſe-cours ; C'eſt toi qui de mes
jours Vas dé- ci-der pour toujours. Sois fa- vo-

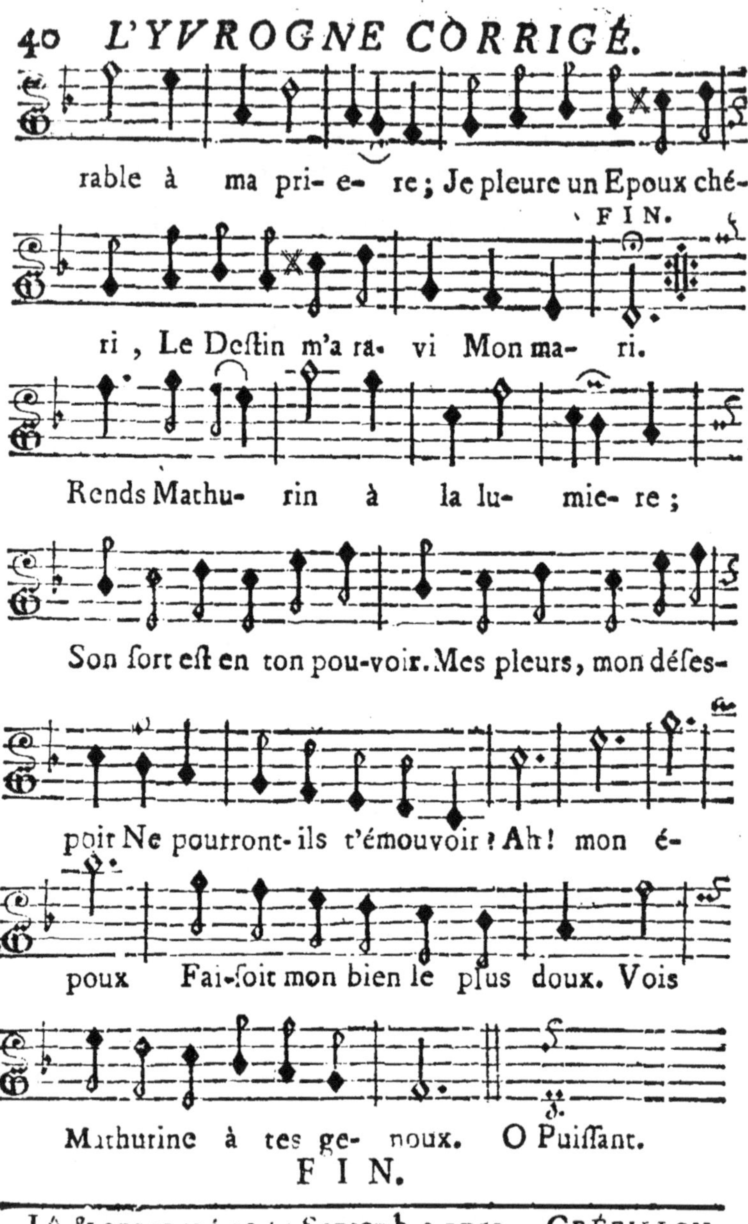

FIN.

Lû & approuvé ce 14 Septembre 1759. CRÉBILLON.

Vû l'Approbation, permis d'imprimer à la charge d'enregistrement à la Chambre Syndicale, ce 15 Sept. 1759.

BERTIN.

Le Privilége & l'Enregistrement se trouvent au nouveau Théâtre de la Foire.

www.ingramcontent.com/pod-product-compliance
Ingram Content Group UK Ltd.
Pitfield, Milton Keynes, MK11 3LW, UK
UKHW021957260726
13994UKWH00004B/1806

9 782329 381275